묵상과 영적 성숙

강준민 영적 성숙 시리즈 1
묵상과 영적 성숙

지은이 | 강준민
초판 발행 | 1997년 7월 4일
개정1판 1쇄 | 2011년 3월 28일
개정1판 27쇄 발행 | 2025. 3. 12
등록번호 | 제3-203호
등록된 곳 | 서울특별시 용산구 서빙고동 95번지
발행처 | 사단법인 두란노서원
영업부 | 2078-3333　FAX 080-749-3705
출판부 | 2078-3477

■ 책 값은 뒤표지에 있습니다.
ISBN 978-89-531-1563-7　03230

■ 독자의 의견을 기다립니다.
tpress@duranno.com　http://www.Duranno.com

■ 이 책의 본문은 개역한글을 사용했습니다.

두란노서원은 바울 사도가 3차 전도여행 때 에베소에서 성령 받은 제자들을 따로 세워 하나님의 말씀으로 양육하던 장소입니다. 사도행전 19장 8-20절의 정신에 따라 첫째 목회자를 돕는 사역과 평신도를 훈련시키는 사역, 둘째 세계선교(TIM)와 문서선교(단행본·잡지) 사역, 셋째 예수문화 및 경배와 찬양 사역, 그리고 가정·상담 사역 등을 감당하고 있습니다. 1980년 12월 22일에 창립된 두란노서원은 주님 오실 때까지 이 사역들을 계속할 것입니다.

묵상과 영적 성숙

강준민 지음

두란노

목차

저자 서문
말씀 묵상의 목표는 그리스도다 6

01 묵상의 유익 9

02 묵상과 예수님 15

03 묵상과 영적 성장 21

04 묵상과 영성 훈련 27

05 묵상과 하나님을 아는 지식 **33**

06 묵상과 성령님 **39**

07 묵상과 하나님의 음성을 듣는 법 **45**

08 말씀의 깊은 바다에 빠지는 묵상 **51**

09 진리가 머리에서 마음으로 내려오는 묵상 **57**

10 예수님을 닮아 가는 묵상 **63**

11 목회자의 영혼 관리 **69**

| 저자 서문 |

말씀 묵상의 목표는 그리스도다

나는 말씀 묵상을 통해서 주님을 깊이 아는 경험을 했다. 말씀 묵상을 통해서 주님을 만났고, 진정한 나를 발견했다. 말씀 묵상은 이중성의 노예였던 나를 자유케 해 주었다. 완벽한 사람이 되었다는 것이 아니다. 투명한 사람이 된 것이다. 말씀을 통해서 변화되어 온 나의 인생은 매일 새롭다. 아침에 말씀을 읽고 묵상하면, 하루가 새로워진다.

말씀 묵상은 명상을 위한 것도, 지식을 위한 것도 아니다. 순종을 위한 것이다. 변화를 위한 것이다.

말씀 묵상의 목표는 그리스도다. 형통은 말씀 묵상의 결과이지 목표가 아니다. 다만 나의 목표는 그리스도다.

말씀 묵상을 통해서 경험한 것과 깨달은 것을 작은 언어로 담아 보았다. 성령님께서 독자들의 마음에 말씀 묵상에 대한 갈망을 심어 주시길 기도드린다.

로스앤젤레스에서

강준민 드림

말씀을 묵상하게 될 때 그 말씀은 마음 깊은 곳에 뿌리를 내린다. 말씀은 이내 내 삶의 한 부분이 된다. 그때 하나님께서 구체적인 깨달음을 주신다. 하나님의 음성을 들음으로써 깨달은 진리를 구체적으로 실천할 수 있는 힘을 얻게 된다.

01
묵상의 유익

묵상은 하나님의 은혜를 누리는 축복의 수단이다.
말씀을 묵상한다는 것은 하나님의 은혜의 세계에 들어간다는
말이다.

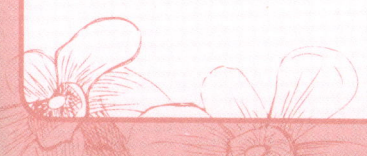

묵상은 하나님의 은혜를 누리는 축복의 수단이다. 말씀을 묵상한다는 것은 하나님의 은혜의 세계에 들어간다는 말이다. 묵상에 깊이 들어가기 위해서는 먼저 묵상이 주는 유익에 대한 깨달음이 있어야 한다. 그 필요성을 절감하지 않고는 묵상을 결코 지속할 수 없다.

묵상을 하려면 또한 말씀의 능력을 알아야 한다. 말씀 묵상의 유익은 말씀의 능력에서 나오기 때문이다.

하나님은 말씀으로 천지를 창조하셨다(히 11:3).
하나님의 말씀은 살아 있고 운동력이 있다(히 4:12).
하나님은 말씀으로 만물을 붙잡고 계신다(히 1:3).
하나님은 말씀을 보내서 위경(危境)에 있는 자들을 치료하신다(시 107:20).
하나님은 말씀을 존귀히 여기는 자를 높이 세우셨고, 말씀을 멸시하는 자를 버리셨다(삼상 15:26).

무엇보다도, 예수님께서 말씀이시다(요 1:1-3).
때문에 예수님께서 하신 말씀은 바로 영이요 생명이다(요 6:63).

말씀을 묵상하는 것은 곧 예수님을 묵상하는 것이다. 묵상은 성령의 세계로 들어가는 것이다. 하나님의 생명 가운데로 들어가는 것이다. 하나님과 사랑 가운데 연합하는 것이다.

묵상을 통해서 하나님은 우리를 형통케 하신다. 이스라엘 백성이 출애굽할 때 하나님은 모세에게 능력의 지팡이를 주셨다. 그러나 가나안 땅을 정복해 들어가는 여호수아에게 하나님은 말씀을 주셨다.

"이 율법책을 네 입에서 떠나지 말게 하며 주야로 그것을 묵상하여 그 가운데 기록한 대로 다 지켜 행하라 그리하면 네 길이 평탄하게 될 것이라 네가 형통하리라"(수 1:8).

여호수아가 형통할 수 있었던 것은 그가 묵상하는 사

묵상에서 얻는 유익 중에 가장 중요한 것 하나는 지혜다. 이 세상에서 지혜보다 귀한 것은 없다.

---

01 묵상의 유익 11

람이었기 때문이다. 주야로 하나님의 말씀을 묵상하면서 여호수아는 담력을 얻었고, 인도하심을 받았고, 지혜를 얻었다. 묵상하는 가운데 그는 하나님의 음성을 들었다. 하나님의 사람은 마땅히 하나님의 방법으로 형통해야 한다. 그 방법은 다른 무엇이 아니라 묵상이다.

묵상에서 얻는 유익 중에 가장 중요한 것 하나는 지혜다. 이 세상에서 지혜보다 귀한 것은 없다. 솔로몬이 지혜를 구했을 때 하나님은 더없이 기뻐하셨다. 솔로몬은 "지혜는 진주보다 귀하니 너의 사모하는 모든 것으로 이에 비교할 수 없도다"(잠 3:15)라고 기록한다.

지혜의 정의를 내리라고 한다면 '하나님의 안목에서 모든 것을 볼 수 있는 능력'이라고 하겠다. 지혜는 문제 해결의 열쇠를 발견하게 한다. 지혜는 통찰력이다. 지혜는 무엇이 중요한지를 알게 하고, 문제의 핵심을 파악하게 한다.

그 지혜를 얻는 유일한 길이 바로 묵상이다. 다윗도 묵상을 통해서 원수보다 명철하고, 스승과 노인보다 승한 지혜를 얻게 되었다(시 119:98-100)고 고백하지 않았는가.

말씀 묵상의 유익은 묵상하는 사람 자신에게만 있지 않다. 말씀 묵상에 깊이 들어가게 되면 그것은 자신뿐만 아니라 다른 사람까지 유익하게 한다.

시편 기자는 복 있는 사람은 "오직 여호와의 율법을 즐거워하여 그 율법을 주야로 묵상하는 자로다 저는 시냇가에 심은 나무가 시절을 좇아 과실을 맺으며 그 잎사귀가 마르지 아니함 같으니 그 행사가 다 형통하리로다"(시 1:2-3)라고 기록했다.

묵상하는 사람들은 과실을 맺는다. 과실은 자신을 위해서 맺는 것이 아니다. 나무는 과실을 맺어서 자신이 먹는 법이 없다. 다른 사람들을 위해서, 다른 사람들이 따 먹을 수 있도록 과실을 맺는 것이다.

말씀 묵상을 통해서 열매를 맺을 때 하나님께서 존귀와 영광을 받으신다. 목표는 꽃을 피우는 데 있지 않다. 하나님은 우리에게 열매를 맺으라고 하셨지 꽃을 피우라고 하시지 않았다. 다른 사람을 위해 열매를 맺을 때 비로소 그리스도의 제자가 되는 것이다.

"너희가 과실을 많이 맺으면 내 아버지께서 영광을 받으실 것이요 너희가 내 제자가 되리라"(요 15:8).

풍성한 열매를 맺기 위해서는 말씀 묵상이 삶 가운데에서 이루어져야만 한다.

말씀 묵상은 한 번 형통하고 마는 일회용 축복이 아니다. 그것은 형통한 자가 되고, 축복받은 자가 되는 길이다. 존재가 바뀌는 것이다. 존재 자체가 넉넉한 사람이 되는 것이다. 그래서 형통과 축복이 그를 저절로 따라가게 되는 것, 그것이 말씀 묵상이다.

02
묵상과 예수님

말씀으로 가득 찬 예수님의 삶은 말씀 자체이셨다.
예수님처럼 되는 길은 예수님처럼 말씀을 사랑하는 것이다.
예수님은 말씀을 사랑하셨고 그 말씀을 읽으셨다.

예수님의 영적 승리의 비결은 말씀 묵상에 있었다. 예수님은 말씀으로 충만하셨다. 입을 벌리면 말씀이 나왔다. 진리가 나왔다. 예수님은 말씀하시기 위해 노력하지 않으셨다.

새가 하늘을 나는 것이 자연스럽고 물고기가 바다에서 헤엄치는 것이 자연스러운 것처럼, 예수님께는 말씀 전하는 일이 자연스러웠다. 말씀이 그분 안에 가득 차 있었기 때문이다.

제자 마태는 산상수훈을 가르치시는 예수님의 모습을 이렇게 기록했다.

"예수께서 무리를 보시고 산에 올라가 앉으시니 제자들이 나아온지라 입을 열어 가르쳐 가라사대"(마 5:1-2).

얼마나 자연스러운가? 진리가 그 안에 가득 차 있었고, 그분이 입을 여셨을 때 진리가 그냥 흘러 나왔던 것이다.

어떻게 예수님 안에는 진리가 가득 찰 수 있었을까? 하나님의 아들이기 때문이었을까? 그분은 하나님이신 동시에 자기를 비워 인간의 몸을 입고 이 땅에 오지 않으셨던가?

그러면 진리로 가득 찰 수 있었던 비결이 무엇이었을까, 한번 생각해 보라.

그것은 다름 아닌 말씀 묵상이었다. 예수님은 말씀을 마음 가득 채우기 위해서 훈련하셨다. 저절로 말씀이 가슴에 차는 것이 아니다. 훈련과 노력을 통해서 말씀이 마음에 채워져야 한다.

예수님은 우리 마음의 중요성을 강조하셨다. 바리새인과 서기관들을 향해 "독사의 자식들아 너희는 악하니 어떻게 선한 말을 할 수 있느냐 이는 마음에 가득한 것을 입으로 말함이라 선한 사람은 그 쌓은 선에서 선한 것을 내고 악한 사람은 그 쌓은 악에서 악한 것을 내느니라"(마 12:34-35)고 하셨던 예수님의 말씀 속에서 우리는 한 가지 깊은 진리를 발견

저절로 말씀이 가슴에 차는 것이 아니다. 훈련과 노력을 통해서 말씀이 마음에 채워져야 한다.

할 수 있다. 그것은 무엇을 마음에 쌓느냐에 따라 그 입으로 나오는 것이 달라진다는 사실이다. 그 운명이 달라진다.

마음이 바뀌면 생각이 바뀌고, 생각이 바뀌면 언어가 바뀌고, 언어가 바뀌면 행동이 바뀌고, 행동이 바뀌면 인격이 바뀌고, 인격이 바뀌면 운명이 바뀐다.

말씀으로 가득 찬 예수님의 삶은 말씀 자체이셨다. 예수님처럼 되는 길은 예수님처럼 말씀을 사랑하는 것이다. 예수님은 말씀을 사랑하셨고 그 말씀을 읽으셨다. 열두 살 때 예수님은 성전에서 선생들과 함께 말씀을 듣기도 하시고 묻기도 하셨다.

예수님은 또한 성경을 암송하셨다. 십자가에서 돌아가실 때 하셨던 말씀을 우리는 시편 22편에서도 볼 수 있다. 시편 말씀을 암송하시면서 그분은 마지막 순간을 맞이하셨다. 생애 한순간 한순간을 구약에 기록된 자신에 관한 말씀을 따라 사셨던 것이다(마 26:52-54, 눅 24:44).

예수님은 말씀을 암송하셨을 뿐만 아니라, 암송하신 말씀을 묵상하셨다. 묵상을 통해서 말씀의 뜻을 깨달으셨고, 그 말씀을 어느 때 어떻게 사용해야 할지를 알고 계셨다. 말씀을 아는 것과 그 말씀을 사용하는 것은 전혀 다른 차원이다.

말씀을 아는 것만 가지고는 능력을 발휘할 수 없다. 그 말씀을 적절하게 사용할 수 있어야 한다. 사탄의 시험을 물리치실 때 예수님은 말씀으로 대적하기 위해서 급하게 성경을 찾지 않으셨다. 이미 암송하고 계시던 말씀으로 사탄을 거뜬히 물리치셨다. 묵상을 통해서 적절하게 선별된 성경 말씀을 가지고 사탄의 공격을 물리치셨던 것이다. 그럴 때 그 말씀은 성령의 검이 되는 것이다(엡 6:17).

말씀이 능력이 되기 위해서는 묵상의 과정을 거쳐야 한다. 쓰여진 말씀 자체를 능력이라고 말할 수는 없다. 사탄도 말씀을 사용했다. 문자는 죽이기도 한다(골 2:14). 그 말씀이 우리 안에서 묵상이라는 과정을 거치면서 성령에 의해 조명되고 깨우쳐질 때 비로소 능력이 되는 것이다. 예수님처럼 승리하기

> 말씀을 아는 것만 가지고는 능력을 발휘할 수 없다. 그 말씀을 적절하게 사용할 수 있어야 한다.

위해서는 예수님처럼 성령 안에서 묵상하는 삶을 살아야 한다.

우리 마음을 진리로 가득 채우자. 입을 벌리기만 하면 저절로 진리가 나올 때까지, 우리의 모습이 곧 진리가 되기까지….

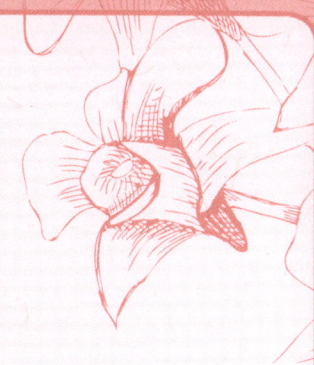

03
묵상과 영적 성장

사람을 살리는 것이 말씀이다. 사람을 세우는 것도 말씀이다.
사람을 성장시키는 것도 말씀이다.
말씀을 떠나서는 영적 성장이 결코 이루어질 수 없다.

말씀 묵상에는 분명한 목표가 있다. 영적으로 성장하는 것이다. 영적으로 성장한다는 것은 예수님을 닮아 간다는 말이다(롬 8:29). 다시 말해서 영성이 깊어 간다고도 할 수 있다. "영성이 깊다"는 말은 예수님을 아주 많이 닮아 있는 사람들에게나 쓰는 말이다.

그러나 이것은 뜨거운 영적 체험을 했다는 것과는 다른 표현이다. 신앙의 체험은 중요하다. 체험으로 인해 신앙의 확신을 더해 줄 수 있고, 신앙의 맛을 더해 줄 수 있기 때문이다.

하지만 그 체험이 신앙 성장을 보장해 주지는 못한다. 영성이 깊다는 것은 존재 자체가 넉넉해지는 것을 의미하는데, 그러한 영적인 성장은 오직 말씀을 통해서만 가능하기 때문이다.

말씀은 영혼의 양식이다. 말씀은 생명의 떡이다. 예수님은 "사람이 떡으로만 살 것이 아니요 하나님의 입으로 나오는 모든 말씀으로 살 것이라"(마 4:4)고 말씀하셨다. 사람을 살리는 것이 말씀이다(요 6:63). 사람을 세우는 것도 말씀이다(행 20:32). 사람을 성장시키는 것도 말씀이다. 말씀을 떠나서는 영적 성장이 결코 이루어질 수 없다.

말씀 묵상을 통한 영적 성장에는 세 단계가 있다.

첫 단계는 말씀을 받아 먹는 것이다. 남이 먹여 주는 신령한 젖을 받아 먹는 단계이다(벧전 2:2).

"대저 젖을 먹는 자마다 어린아이니 의의 말씀을 경험하지 못한 자요"(히 5:13).

그 다음은 스스로 말씀을 먹는 단계이다. 어린아이 때는 부드러운 음식만 좋아하지만 이 두 번째 단계에 이르면 딱딱한 음식도 소화할 수 있게 된다. 모든 말씀과 모든 성경을 좋아하게 되는 것이다. 성숙한 사람은 위로하고 격려하는 말씀뿐만 아니라 교훈과 책망과 바르게 하는 말씀도 사모하게 된다(딤후 3:16). 이 과정을 통해서 하나님의 사람은 온전케 된다. 모든 선한 일을 행하기에 조금도 부족함이 없는 단계로 들어가게 되는 것이다(딤후 3:17).

영적으로 성숙한 사람의 특징은 분별력이다. 그는 이제 지각을 사용하게 된다.

"단단한 식물은 장성한 자의 것이니 저희는 지각을 사용하므로 연단을 받아 선악을 분변하는 자들이니라" (히 5:14).

이 단계에서 중요한 것이 말씀 묵상이다. 깊은 묵상 가운데 생각이 깊어지고, 지각을 연단해서 선악을 분변하게 된다. 생각을 사로잡아 그리스도께로 복종할 수 있는 단계에 들어가는 것이다(고후 10:5). 묵상은 어린아이 단계를 넘어선 사람들이 할 수 있는 것이다.

자기 스스로 말씀을 먹을 뿐만 아니라 남에게까지 먹여 주는 단계가 세 번째 단계이다. 스스로 성장할 뿐 아니라 다른 사람에게 영향력을 끼치는 단계로 접어든 것이다. 자기의 문제를 극복해서 다른 사람의 문제를 해결해 주는 단계에 들어가는 것이다. 이때 말씀 묵상의 깊이는 깊어진다. 자신 스스로 깨달을 뿐만 아니라 다른 사람을 깨우쳐야 하기 때문에 그의 묵상은 깊어질 수밖에 없다.

"주 여호와께서 학자의 혀를 내게 주사 나로 곤핍한

자를 말로 어떻게 도와 줄 줄을 알게 하시고 아침마다 깨우치시되 나의 귀를 깨우치사 학자같이 알아듣게 하시도다"(사 50:4).

이사야의 고백이 우리에게도 필요하다. 하나님의 말씀을 깨우친다는 것은 다른 사람을 자유케 하는 것이다. 참으로 우리를 자유케 하는 것은 말씀이신 진리밖에 없다(요 8:32).

묵상을 하는 사람은 말씀이신 예수님을 점점 닮아 간다. 암송에서 묵상의 차원으로 들어가면 그때부터는 우리가 말씀을 붙잡는 것이 아니라 말씀이 우리를 붙잡는 것을 경험하게 된다. 예수님을 아는 지식 가운데서 장성한 분량에 이르게 되는 것이다. 자기 존재 자체가 성장하는 것이다. 존재 자체가 넉넉해지는 것만큼 행복한 일이 어디 있겠는가? 인간의 행복은 실로 성장에 있는 것이다.

성장이란 자기를 넘어서는 것, 즉 다른 사람을 위해서 사는 것이다. "인생이란

> 암송에서 묵상의 차원으로 들어가면 그때부터는 우리가 말씀을 붙잡는 것이 아니라 말씀이 우리를 붙잡는 것을 경험하게 된다.

멋있는 것이다. 그러나 가장 멋있는 인생은 남을 위해 사는 것이다"라고 했던 헬렌 켈러의 말을 기억하자.

하나님은 지금도 우리를 말씀 묵상의 세계로 초청하고 계신다. 예수님처럼 자신을 넘어서서 다른 사람을 자유케 하고 섬기는 삶을 살기 바라시는 아버지 하나님의 간절한 음성에 귀 기울여 보라.

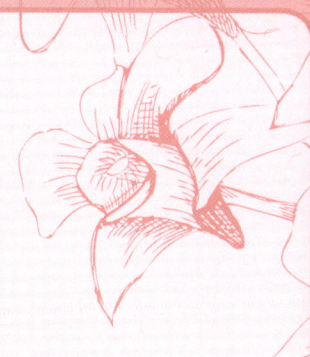

04
묵상과 영성 훈련

말씀을 깊이 묵상하는 가운데 생각이 다스려지고,
그 생각이 마음으로 내려와 주님을 향한 사랑이 느껴지고,
그 사랑이 마침내 행동으로 보여지는 것이다.

예수님의 제자가 되는 것은 그리스도인에게는 선택이 아니라 필수이다. 그러면 어떻게 그리스도의 제자가 될 수 있는가? 훈련을 통해서다. 제자는 배우는 사람이다. 제자는 훈련받기를 자처하는 사람이다. 훈련을 특권으로 아는 사람이다. 제자라는 말과 훈련이라는 말은 그 어원이 같다.

예수님의 제자는 스승이신 예수님을 닮아 가고, 스승이 제시하는 삶의 수준을 영광으로 알고 따라가는 사람이다. 영성 훈련이란 예수님이 보여 주신 삶의 모습을 그대로 따라가는 것이다. 성경에서 예수님이 사용하신 영성 훈련의 초석은 말씀 묵상에 있었다.

예수님은 제자가 걸어가야 할 세 가지 길을 말씀하셨다. 이것들은 영성 훈련의 뼈대를 형성해 준다.

첫째, 예수님의 말씀에 거하는 것이다.

"너희가 내 말에 거하면 참 내 제자가 되고"(요 8:31).

둘째, 서로 사랑하는 것이다.

"너희가 서로 사랑하면 이로써 모든 사람이 너희가 내 제자인 줄 알리라"(요 13:35).

셋째는 열매를 많이 맺는 것이다(요 15:8).

이 세 가지 삶의 모습 가운데서도 가장 중요하고 기초적인 것이 예수님의 말씀 안에 거하는 것이다.

말씀 안에 거한다는 것은 예수님 안에 거하는 것이다. 말씀이 곧 예수님이시기 때문이다(요 1:1-3, 14). 예수님 안에 거한다는 것은 사랑 안에 거하는 것이다(요 15:9). 예수님의 사랑 안에 거하는 친밀함을 통해서 그리스도인은 열매를 맺게 된다(요 15:5-8). 이것은 분리할 수 있는 삶이 아니라 연결된 삶이요, 총체적인 삶이다. 그렇지만 그 출발은 주님의 말씀 안에 거하는 것에서부터 시작한다.

영성 훈련의 기초는 말씀 묵상에 있다. 말씀 안에 거하는 것이 말씀 묵상이다. 말씀 묵상이 가장 중요한 영성 훈련이 되는 이유는 하나님의 사람은 최우선 순위를 말씀에 두기 때문이다. 훈련은 긴급한 것이 아니라 중요한 일을 먼저 하는 것이다.

주님의 제자에게 있어서 제일 중요한 것은 하나님과 교제하는 일이다. 하나님의 음성을 듣는 일이다. 조용한 시간을 내어 주님 말씀 안에 거하면서 하나님과 교제하는 것이 말씀 묵상이요, 큐티다. 말씀 안에서 주님과 교제하는 것이 묵상임을 아는 우리는 홀로 있는 시간을 가져야 한다. 그 시간에 하나님의 음성을 듣고, 하나님 뜻에 기초한 삶의 우선순위를 정해야 한다. 그리고 행동에 옮기는 것이다.

사람에게 있어서 가장 어려운 일은 무엇이 가장 중요한지를 아는 것이다. 그리고 더 나아가 그것을 직접 실천하는 것이다. 또 하나 어려운 것이 있다면, 스스로 생각하는 것과 다른 사람들로 하여금 생각하도록 만드는 일이다.

영성 훈련은 생각을 훈련하는 것이다. 그 생각을 통해서 우리는 우선순위를 분별하게 된다. 생각을 훈련할 때 생각이 다스려지고, 말씀 묵상을 통해서 그 생각은 마음으로 내려오게 된다. 생각만

최상의 영적 컨디션을 유지하는 비결은 묵상을 통한 영성 훈련에 있다.

가지고는 감정의 변화에 이르기 어렵다. 그 생각이 마음으로 내려와 느낄 수 있어야만 한다.

말씀을 깊이 묵상하는 가운데 생각이 다스려지고, 그 생각이 마음으로 내려와 주님을 향한 사랑이 느껴지고, 그 사랑이 마침내 행동으로 보여지는 것이다. 생각을 훈련하고 마음을 훈련하는 것으로 영성 훈련은 시작된다. 모든 행동의 근본은 생각이기 때문이다.

노력한다는 것과 훈련한다는 것에는 차이가 있다. 훈련은 기술을 터득하는 것이다. 훈련에는 반복이라는 요소가 포함된다. 훈련에는 전적인 헌신이라는 요소도 들어 있다. 말씀 묵상이 훈련의 원조가 되는 것은 이 때문이다.

묵상과 관련된 성경 말씀을 보며 주야로 묵상하는 전적인 헌신과 반복적인 훈련, 그리고 그것이 행동으로 나타나는 삶의 적용(시 1:2−3, 수 1:8)이 모두 조화를 이루어야 한다.

훈련을 통해서 우리는 가장 높은 수준에 이를 수 있고 그 수준을 유지할 수 있다. 키가 크다고 다 농구 선수가 되는 것도 아니고, 농구 선수가 되었다고 항상 좋은 점수만 내는 것도 아니다. 훈련을 통해서만 탁월한 선수가 될 수 있고, 또 지속적인 훈련이 있어야만 최상의 컨디션이 유지된다.

주님의 제자가 되고 제자로서 최상의 영적 수준을 유지하는 비결은 무엇인가? 그것은 말씀 묵상이다. 최상의 영적 컨디션을 유지하는 비결은 묵상을 통한 영성 훈련에 있다.

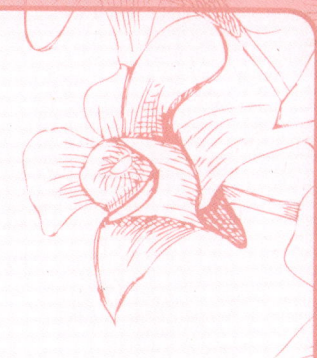

05
묵상과
하나님을 아는 지식

한 사람의 비전의 크기와 인생의 크기는
그가 누구인가에 따라 결정되는 것이 아니다.
그가 하나님을 어느 정도로 크게 알고 있으며,
믿고 있느냐에 따라 결정된다.

신앙 성장의 근본은 영적 지식에 있다. 열심, 성실, 충성 그리고 행함은 그리스도인의 삶에서 아주 중요한 요소이다. 그러나 이 모든 것 위에 있는 것이 지식이요, 이것들 모두의 기초가 되는 것이 지식이다.

사도 바울은 예수님을 핍박하는 유대인들을 향해 "내가 증거하노니 저희가 하나님께 열심이 있으나 지식을 좇은 것이 아니라"(롬 10:2)고 말했다. 올바른 지식을 겸하지 못한 이스라엘 백성의 열심이 오히려 하나님을 대적했던 것이다. 신앙은 진실과 열심의 문제 이전에 지식의 문제이다.

호세아 선지자는 "내 백성이 지식이 없으므로 망하는도다"(호 4:6)라고 안타까워했다. 하나님이 우리에게 원하시는 것은 참된 지식을 갖는 것이다.

예레미야는 장차 이 땅에 오실 선한 목자의 모습을 이렇게 예언했다.

"내가 또 내 마음에 합하는 목자를 너희에게 주리니 그들이 지식과 명철로 너희를 양육하리라"(렘 3:15).

참된 목자의 가장 중요한 자질은 무엇인가? 지식과 명철을 소유하는 것이다. 그렇다면 하나님이 강조하시는 지식은 무엇을 의미하는가? 바로 하나님을 아는 지식이다.

"나는 인애를 원하고 제사를 원치 아니하며 번제보다 하나님을 아는 것을 원하노라"(호 6:6).

하나님이 원하시는 것은 우리가 참으로 하나님을 아는 것이다.

모든 지식의 근본은 하나님을 아는 것이다. 하나님을 경외하는 것이다. 성경은 "여호와를 경외하는 것이 지식의 근본이어늘 미련한 자는 지혜와 훈계를 멸시하느니라"(잠 1:7)고 말씀하고 있다. 또한 "…거룩하신 자를 아는 것이 명철이니라"(잠 9:10)고 거듭 강조하고 있다. 하나님을 아는 지식만큼 소중한 것은 없다. 인간의 성숙과 행동 양식은 하나님을 아는 정도에 비례한다.

한 사람의 비전의 크기와 인생의 크기는 그가 누구인가에 따라 결정되는 것이 아니다. 그가 하나님을 어느 정도로 크게 알고 있으며, 믿고 있느냐에 따라 그것은 결정된다. 하나님을 아는 백성은 강하여 용맹을 발하게 된다(단 11:32). 하나님을 믿는 것과 아는 일에 하나가 될 때 우리는 그리스도의 장성한 분량에 이르게 된다(엡 4:13). 하나님을 아는 지식 가운데서 성장하는 것이다(벧후 3:18).

그렇다면 어떻게 하나님을 알 수 있는가? 말씀을 통해서이다. 말씀 묵상을 통해서 우리는 하나님을 알아 간다. 말씀을 읽을 때 가장 중요한 것은 분명한 목적을 갖는 것이다.

우리의 목적은 하나님을 아는 데 있다. "하나님은 어떤 분인가"라는 질문과 함께 말씀을 읽고 묵상해야 한다. 말씀 속에서 하나님을 만나고 경험하고 맛보아 알아야 한다. 말씀 속에서 하나님과 교제하고, 하나님께 경배하고, 그리고 하나님 앞에서 환희의 춤을 출 수 있어야 한다.

말씀 묵상은 하나님을 '믿는' 차원에서 하나님을 '아는' 차원으로 우리를 끌어올려 준다. 하나님의 생명을 얻어내는 차원에서, 하나님의 생명을 풍성히 경험하는 차원으로 올려 주는 것이다.

성경에서 '안다'는 것은 단순히 머리로만 아는 것을 말하는 것이 아니다. '경험적으로 아는' 것을 의미한다. 부부 관계의 깊은 친밀함 속에서 아는 것과 같은 차원이다.

> 말씀 묵상은 하나님을 '믿는' 차원에서 하나님을 '아는' 차원으로 우리를 끌어올려 준다.

말씀 묵상은 하나님을 아는 지식을 통해서 영적 지식을 통달할 수 있도록 도와준다. 말씀을 읽고 묵상하는 가운데 영의 세계 속으로 들어가게 되고, 지혜를 얻게 되는 것이다.

지혜란 알고 있는 지식을 활용할 수 있는 능력을 말한다. 지식을 갖고 있다는 것은 축복이지만, 그것이 진정한 축복이 되기 위해서는 그 지식을 나의 삶에 적용할 수 있어야 한다. 영적 지식을 삶에 직접 적용하도록 도와주는 지혜, 그 지혜는 오직 말씀 묵상을 통해서만 주어진다.

우리는 말씀을 붙잡아야 한다. 말씀이 곧 예수님이시다(요 1:1-3). 사울은 말씀을 버렸을 때 하나님께 버림을 받았다(삼상 15:23). 사도들은 기도와 말씀의 끈을 놓지 않았다(행 6:2-4). 호세아를 통해서 주신 하나님의 말씀이 오늘 우리의 귀에 들려 온다.

"그러므로 우리가 여호와를 알자 힘써 여호와를 알자"(호 6:3).

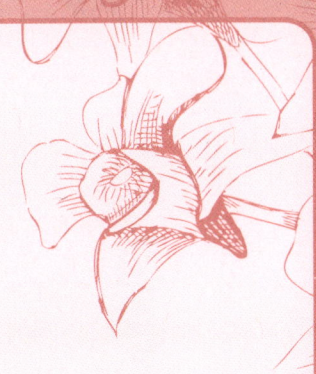

06
묵상과 성령님

말씀을 비추어 그 뜻을 알게 하는 것은
성령님의 역사다.
우리가 전적으로 성령님을 의지한다면,
성령님은 우리를 진리 가운데로 인도하실 것이다.

묵상에는 반드시 성령님께서 함께하셔야 한다. 말씀과 성령님은 함께 역사하신다. 신령한 세계를 날기 위한 독수리의 두 날개와 같이 말씀과 성령님은 함께 역사하신다. 말씀이 역사하는 곳에 성령님이 역사하시고, 성령님이 역사하시는 곳에 말씀이 역사한다.

말씀이 곧 영이다. 말씀이 곧 생명이다. 예수님은 "살리는 것은 영이니 육은 무익하니라 내가 너희에게 이른 말이 영이요 생명이라"(요 6:63)고 말씀하셨다. 또한 바울은 "…성령의 검 곧 하나님의 말씀을 가지라"(엡 6:17)고 했다.

바울은 성령 충만과 말씀 충만을 하나로 보았다(엡 5:18-19, 골 3:16). 초대 교회에 나타난 성령의 부흥은 곧 말씀의 부흥이었다. 사도들에게 성령이 충만히 임했을 때, 그들은 말씀에 사로잡혀 담대히 하나님 말씀을 증거할 수 있었다.

사도행전은 "성령 충만을 받았다"는 말과 "말씀을 받았다"는 말을 함께 사용하고 있다. 이방인이었던 고넬료와 그 친족들이 성령 충만을 받았던 사실을 사도행전 11장 1절은, "유대에 있는 사도들과 형제들이 이방인들도 하나님 말씀을 받았다 함을 들었더니"라고 기록하고 있다.

> 말씀이 역사하는 곳에 성령님이 역사하시고, 성령님이 역사하시는 곳에 말씀이 역사한다.

성령님의 역사를 강조한다고 해서 말씀을 무시하면 안 된다. 또한 말씀을 강조한다고 해서 성령님을 무시해서도 안 된다. 성령님은 진리의 영이시다(요 14:17). 모든 성경은 성령의 감동으로 된 것이다(딤후 3:16). 이런 확신 속에서 사도들은 말씀을 제쳐 놓고는 아무것도 하지 않겠노라고 결심했다(행 6:2).

사도행전을 아무리 읽어 보아도 사도들이 성령 충만을 위해서 기도했다는 기록은 없다. 그들은 다만 하나님의 말씀을 담대히 전하게 해달라고 기도했을 뿐이다(행 4:29-31).

그 결과 그들은 성령 충만을 받았다. 그 결과 표적과

기사가 그들 뒤를 따라서 역사했던 것이다.

예수님은 "말씀만 하옵소서"라고 고백했던 백부장의 믿음을 최고의 믿음이라고 칭찬하셨다(마 8:8-10). 이방인이었음에도 불구하고 하나님 말씀의 능력을 믿었기 때문이다. 말씀과 성령님이 함께 역사하실 때 하나님의 놀라운 능력이 나타난다.

우리는 두 개의 날개를 가져야 한다. 말씀과 성령님이라는 날개이다. 이 날개가 비상하도록 하는 것은 기도다. 기도할 때 말씀과 성령님이 함께하셔서서 신령한 영의 세계를 훨훨 날게 된다.

묵상을 할 때는 먼저 성령님의 도우심을 구하는 기도로 시작해야 한다. 그러면 성령께서 말씀을 조명해서 깨닫게 해주신다. 성소 안에 있는 떡상을 밝히는 것은 등대였다(출 25:29-39).

떡상은 말씀을 상징하고 등대의 불빛은 성령님을 상징한다. 말씀을 비추어 그 뜻을 알게 하는 것은 성령님의 역사라는 의미이다. 우리가 전적으로 성령님을 의지한다면, 성령님은 우리를 진리 가운데로 인도하실 것이다.

그래서 사도 요한은 "너희는 주께 받은 바 기름 부음이 너희 안에 거하나니 아무도 너희를 가르칠 필요가 없고 오직 그의 기름 부음이 모든 것을 너희에게 가르치며 또 참되고 거짓이 없으니 너희를 가르치신 그대로 주 안에 거하라"(요일 2:27)고 말씀했다. 여기서 기름 부음이란 성령님의 부으심을 의미한다. 성령께서 친히 모든 것을 가르쳐 주신다는 말씀이다.

> 우리 안에 거하시는 성령님은 우리가 말씀을 묵상할 때 우리 곁에 지혜와 총명의 신으로 오셔서 우리를 깨우치신다.

설교나 그룹 성경 공부 시간에는 주로 목회자나 영감을 받은 사람이 말씀을 가르치기 때문에 인도자가 하는 대로 따라하면 된다. 그러나 말씀 묵상은 혼자서 해야 한다. 혼자서 말씀을 취하여 묵상해야 하기 때문에 전적으로 성령님의 도우심을 받아서 깨달아야 한다.

우리 안에 거하시는 성령님은 우리가 말씀을 묵상할 때 우리 곁에 지혜와 총명의 신(사 11:2)으로 오셔서 친히 우리를 깨우치신다. 말씀이 우리 발의 등이요 빛이 되도록 성령님은 역사하신다(시 119:105). 우리가 해야 할 일과 하지 말아야 할 일을 성령님은 가르치신다. 만나야 할 사람을 가르쳐 주시며, 삶의 우선순위를 가르쳐 주신다.

말씀을 사모하듯이, 우리는 성령님을 사모해야 한다. 진리의 영이신 성령님을.

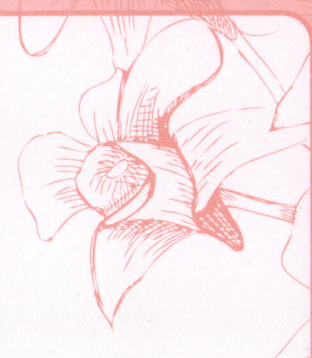

07
묵상과 하나님의 음성을 듣는 법

암탉이 병아리를 품듯이 그리스도인은
말씀을 품어야 한다.
성령님은 그 품은 말씀을 통해서 깨달음을 주신다.

하나님의 사람들은 하나님의 음성을 들어야 한다. 세상 어떤 소리보다도 하나님의 음성에 민감해야 한다. 그것이 하나님의 사람이라는 표시이다. 그리스도의 제자가 추구해야 할 목표이다.

하나님의 음성을 듣는 것은 성도의 영광이요 특권이요 축복이다. 하나님은 "…나를 청종하라 그리하면 너희가 좋은 것을 먹을 것이며 너희 마음이 기름진 것으로 즐거움을 얻으리라 너희는 귀를 기울이고 내게 나아와 들으라 그리하면 너희 영혼이 살리라 …"(사 55:2-3)고 말씀하신다.

하나님의 음성을 청종하는 것은 즐거운 일이요, 영혼이 사는 길이다.

하나님의 음성을 듣는다고 할 때는 단순히 듣는 것을 말하는 것이 아니다. 듣기를 소원해야 한다. 그것은 경청하는 것을 말하고, 들은 그 음성에 순종하는 것을 의미한다.

하나님은 하나님의 음성 듣기를 거절했던 사울 왕을 버리셨다. 사울 왕은 하나님의 명령 앞에 순종하기를 거절했던 것이다. 사무엘이 사울에게 "여호와께서 번제와 다른 제사를 그 목소리 순종하는 것을 좋아하심같이 좋아하시겠나이까 순종이 제사보다 낫고 듣는 것이 숫양의 기름보다 나으니"(삼상 15:22)라고 한 말을 기억해야 한다.

순종과 듣는 것은 늘 함께 간다. 순종은 신앙의 최고봉이요, 축복의 문을 여는 열쇠이다. 그 순종은 하나님의 음성을 듣는 데서 온다.

그러면 하나님의 음성을 어떻게 들을 수 있는가? 하나님은 무엇을 통해서 말씀하시는가? 이것은 정말 중요한 질문이다. 하나님께서 말씀하시는 방법은 매우 다양하다. 그중에 가장 분명하고 확실한 길은 말씀 묵상을 통해서 하나님의 음성을 듣는 것이다. 하나님의 말씀을 읽고, 그 말씀을 묵상할 때 하나님은 기록된 말씀을 통해서 당신의 음성을 들려주신다.

어떤 방법으로 들려주신다는 말인가? 깨달음을 통해

우리 삶에서 가장 중요한 것은 매일 말씀을 읽고 묵상하는 것이다. 말씀은 매일 우리를 인도해 주는 안내자다.

서다. 말씀을 읽고, 그 말씀을 가슴에 품는 것이 묵상이다. 암탉이 병아리를 품듯이 그리스도인은 말씀을 품어야 한다. 성령님은 그 품은 말씀을 통해서 깨달음을 주신다.

성경은 깨달음의 중요성에 대해 자주 언급하고 있다.

"존귀에 처하나 깨닫지 못하는 사람은 멸망하는 짐승 같도다"(시 49:20).

깨달음이 없을 때 존귀한 인간도 짐승과 같이 될 수 있다. 이사야 선지자는 "주 여호와께서 학자의 혀를 내게 주사 나로 곤핍한 자를 말로 어떻게 도와 줄 줄을 알게 하시고 아침마다 깨우치시되 나의 귀를 깨우치사 학자같이 알아듣게 하시도다"(사 50:4)라고 말씀하고 있다. 주님도 깨우치기 위해서 힘쓰셨다. 열매 맺는 옥토의 특성은 깨닫는 것이라고 말씀하셨다.

"좋은 땅에 뿌리웠다는 것은 말씀을 듣고 깨닫는 자니 결실하여 혹 백 배, 혹 육십 배, 혹 삼십 배가 되느니라 하시더라"(마 13:23).

풍성한 열매를 맺기 위해서는 말씀을 듣고 깨달아야 한다.

깨달음을 통해서 우리는 하나님의 뜻을 알게 된다. 하나님을 알고, 자신을 보게 된다. 문제의 핵심을 보게 된다. 문제 해결의 열쇠를 발견하게 된다. 사람은 자신이 가진 문제가 무엇인가를 아는 것만으로도 자유를 경험할 수 있다. 그런데 하나님은 문제의 해결책까지도 말씀을 통해서 제시해 주시는 분 아닌가! 고난이 고통스러운 것이 아니라, 고난의 의미를 깨닫지 못하는 것이 고통스러운 것이다. 고난의 의미를 깨닫게 될 때, 우리는 그 어떠한 고난도 넉넉히 감당할 수 있게 된다.

우리 삶에서 가장 중요한 것은 매일 말씀을 읽고 묵상하는 것이다. 말씀은 매일 우리를 인도해 주는 안내자다.

말씀 묵상의 축복은 내면 세계에 들려오는 많은 소리를 분별할 수 있게 된다는 것이다. 모든 음성과 생각을 그리스도께로 잡아 복종케 해주는 것이 말씀 묵상이다(고후 10:5). 말씀을 묵상하는 사람은 수없이 들려오는 소리를 말씀에 비추어 분별할 줄 알게 된다.

성령님은 말씀 묵상 하는 자를 결코 실망시키지 아니하신다. 하나님은 한 번도 나를 실망시키신 적이 없다. 아무리 어려운 말씀 앞에서도 성령님은 내가 그것을 깨닫도록 인도하셨다. 깨닫는 것은 은혜다. 깨달음을 통해서 하나님은 오늘도 우리에게 말씀하고 계신다.

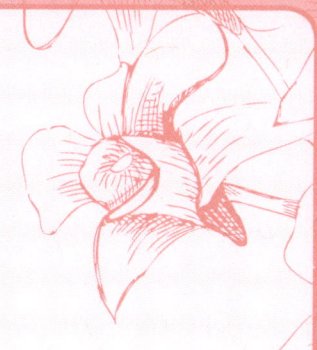

08
말씀의 깊은 바다에
빠지는 묵상

말씀을 붙잡는 것으로 만족하지 말라.
말씀에 사로잡힐 때까지 묵상을 계속하라.
그때 우리는 말씀의 사람이 된다.

말씀 묵상을 하면 깊이 있는 사람이 된다. 리처드 포스터는 "오늘날 절실히 요청되는 사람은 지능이 높거나 혹은 재능이 많은 사람이 아니라 깊이가 있는 사람이다"라고 말했다. 깊이가 있다는 것은 곧 생각이 깊다는 것이다. 깊이 있는 사람만이 하나님의 깊은 것을 깨달을 수 있다. 깊이 있는 사람만이 사람의 깊은 심령을 이해할 수 있다.

말씀 묵상에 들어간다는 것은 깊은 바다로 항해하는 것과 같다. 깊은 바다 속에 잠수하는 것이다. 시편 42편 7절에는 "깊은 바다가 서로 부르며"라는 말씀이 있다. 깊은 바다가 우리를 초청하고 있다. 깊은 바다로 들어가는 것이 바로 말씀 묵상이다. 말씀이라는 깊은 바다에 자신을 내어 던지는 모험, 그것이 말씀 묵상이다.

이것은 참으로 위험한 모험이다. 나는 이 모험을 "거룩한 모험"이라고 부른다. 왜냐하면 이 말씀의 바다에 들어가기만 하면 모두 변화되어 나오기 때문이다. 말씀을 붙잡기 위해 말씀의 바다에 뛰어들었다가 말씀에 붙잡힌 사람이 되기 때문이다.

사도 바울의 인생이 그러했다. 누가도 "…바울이 하나님의 말씀에 붙잡혀 유대인들에게 예수는 그리스도라 밝히 증거하니"(행 18:5)라고 기록했다. 바울에게서 우리는 말씀을 깊이 묵상하는 사람에게 주어지는 영광스런 모습을 보게 된다. 그는 말씀에 붙잡힌 말씀의 사람이 된 것이다.

말씀은 보배이다. 말씀 속에 감추어진 보배를 발견해 내서 자신의 소유로 삼는 것이 말씀 묵상이다. 주님은 하나님의 나라를 밭에 감추인 보화에 비유하셨다. 보배는 항상 감추어져 있다. 보배는 바다 깊은 곳, 땅 깊은 곳에 감추어져 있다.

살다 보면 때로 흑암을 만나기도 한다. 그러나 그 흑암 속에는 보화가 감추어져 있다. 보화를 얻기 위해서는 비싼 값을 치르는 헌신과 결단

> 말씀은 보배이다. 말씀 속에 감추어진 보배를 발견해 내서 자신의 소유로 삼는 것이 말씀 묵상이다.

이 필요하다. 밭에 감추인 보화를 발견한 농부가 자기의 소유를 다 팔아 그 밭을 샀듯이(마 13:44) 말씀 묵상에는 헌신과 결단이 필요하다.

바울은 그리스도를 아는 지식을 위해서 자기에게 유익하던 모든 것을 배설물처럼 여겼다(빌 3:8). 말씀을 즐기고(시 1:3), 여호와를 경외하는 것을 즐거움으로(사 11:3) 삼으려면, 모세처럼 영원한 기쁨을 주지 못하는 죄악의 낙을 버릴 수 있어야 한다(히 11:25). 세상을 사랑하는 것을 버려야 한다(요일 2:15). 그때 우리는 하늘의 기쁨을 누리게 된다.

보화가 깊이 감추어져 있다는 것은 그것이 멀리 있다는 의미가 아니다. 사실 진리는 가까운 데 있다. 그것은 이미 우리 안에 감추어져 있다.

주님을 우리 마음에 모실 때 우리는 모든 진리를 소유하게 되었다. 예수님은 바로 진리이시기 때문이다(요 14:6).

"그 안에는 지혜와 지식의 모든 보화가 감추어 있느니라"(골 2:3).

예수님을 마음에 모셔 들이는 것이 말씀 묵상에 들어

가는 입문이다. 예수님 없이는 말씀을 깨달을 수 없다. 예수님 없이는 성경이 풀리지 않는다. 모든 성경은 예수님에 대해 증거하고 있기 때문이다(요 5:39).

구약을 읽을 때 경험하게 되는 쉽게 이해되지 않는 수건이 예수님 안에서 벗겨진다(고후 3:14-16). 성령께서 도와주실 때 예수님 안에서 모든 진리가 깨달아지는 것이다(고후 3:17-18). 예수님은 말씀 묵상의 열쇠가 되신다.

말씀을 묵상하라. 예수님과 함께 말씀을 묵상하라. 성령님의 조명 아래서 말씀을 묵상하라. 감추어진 보화를 발견하게 될 것이다.

말씀 묵상을 위해서 가장 좋은 시간을 하나님께 드리라. 그 말씀을 주야로 묵상하라. 말씀의 깊은 바다에 빠지라. 말씀에 사로잡힐 때까지 말씀을 붙잡고 묵상하라.

예수님처럼, 바울처럼 온몸이 말씀으로 가득 차게 하라. 피 전체에 말씀이 흐르게 하라. 온몸이 말씀 덩어

> 깊이 있는 사람만이 하나님의 깊은 것을 헤아릴 수 있다. 깊이 있는 사람만이 깊은 심령을 이해할 수 있다.

리가 되게 하라.

　말씀을 붙잡는 것으로 만족하지 말라. 말씀에 사로잡힐 때까지 묵상을 계속하라. 그때 우리는 말씀의 사람이 된다.

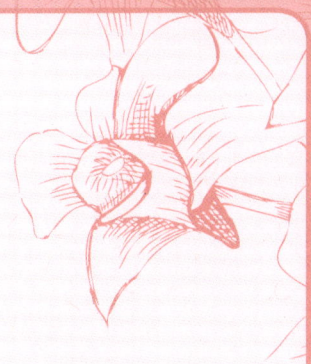

09
진리가 머리에서 마음으로 내려오는 묵상

말씀 묵상의 목표는 비우는 데 있지 않고
채우는 데 있다.
말씀으로 채우고 그리스도로 채우는 것이다.
자신을 진리로 충만하게 하는 것이다.

말씀 묵상의 구체적인 방법을 하나님께 받은 사람이 있다면 여호수아일 것이다.

"이 율법책을 네 입에서 떠나지 말게 하며 주야로 그것을 묵상하여 그 가운데 기록한 대로 다 지켜 행하라 그리하면 네 길이 평탄하게 될 것이라 네가 형통하리라"(수 1:8).

이 짧은 한 절을 묵상하면, 말씀 묵상의 비결을 깨닫게 된다. 모든 승리와 형통의 비결을 깨닫게 된다.

말씀 묵상의 시작은 우리의 입에서부터이다. 말씀이 입에서 떠나지 않도록 성경을 읽는 것이 말씀 묵상의 출발이다.

처음에는 성경의 짧은 한 권을 본문으로 택하는 것이 좋다. 어떤 사건이나 비유를 읽어도 좋겠다. 거룩한 상상력을 사용해서 말씀을 읽으라. 그날 읽은 본문 중에서 핵심이 되는 구절을 선택하라. 그리고 그 말씀이 입에서 떠나지 않게 하라. 묵상은 되새김질이다. 소가 풀을 뜯어 먹은 후에 하루 종일 입으로 다시 끄집어 내어 잘게 씹어서 위로 내려 보내는 되새김질, 그 작업을 우리가 해야 한다.

많이 먹는 것이 중요한 것이 아니다. 소화하는 것이 중요하다. 소화된 음식만이 체내에서 에너지가 되는 법이다. 소화되어야만 생명이 된다. 홍수 났을 때 가장 필요한 것은 물이다. 홍수가 나면 온통 사방이 물 천지인데도 정작 먹을 물은 없다.

이 시대를 가리켜 흔히 말씀의 홍수 시대라고들 말한다. 각종 설교, 세미나 테이프로 가득 찬 세상이다. 그런데 생명수는 말라 있다. 말씀을 많이 들어서 귀는 커졌는데 삶의 변화가 없는 이유는 들은 말씀을 소화하지 못했기 때문이다.

그렇다면 어떻게 해야 잘 소화할 수 있을까? 들은 말씀을 묵상해야 한다. 묵상을 시작하는 분들께 아주 적은 양의 말씀을 입으로 읽는 데

> 말씀을 많이 들어서 귀는 커졌는데 삶의 변화가 없는 이유는 들은 말씀을 소화하지 못했기 때문이다.

서부터 묵상을 시작하라고 권면하고 싶다.

적은 양의 말씀을 붙잡았다면, 그것을 암송하라. 암송은 말씀을 생각에 새기는 것이다. 묵상 이전에 암송이 있어야 한다. 암송하는 가장 좋은 방법은 그 말씀을 사랑하는 것이다. 비결은 사랑하는 데 있다. 사랑이 무엇인가? 관심이다. 사랑하는 것을 위해서라면 우리는 어떤 값을 치르더라도 시간을 낸다. 말씀을 사랑하게 되면 우리는 자연히 말씀에 관심을 갖게 된다. 관심을 갖게 되면 저절로 암송하게 되는 것이다.

우리 중에 사랑하는 사람의 이름과 전화번호를 외우지 못하는 사람이 있는가? 아무도 없을 것이다. 단번에 외우지 못하더라도 반복해 보라. 안 외워질 수가 없다. 반복은 암송의 한 가지 비결이고 학습의 원리이기도 하다. 반복을 통해서 사고의 틀이 형성되고 거룩한 사고의 습관이 길러진다. 그리고 그 습관은 행동을 만들어 낸다.

말씀을 암송할 때는 머리를 사용해야 한다. 지각을 사용하는 것이다. 말씀 암송의 단계에서 말씀 묵상의 단계로 넘어가야 한다. 이때 말씀이 머리에서 가슴으로 내려온다.

　말씀 묵상의 목표는 비우는 데 있지 않고 채우는 데 있다. 말씀으로 채우고 그리스도로 채우는 것이다. 자신을 진리로 충만하게 하는 것이다. 예수님은 진리로 충만하셨다.

　사도 요한은 "말씀이 육신이 되어 우리 가운데 거하시매 우리가 그 영광을 보니 아버지의 독생자의 영광이요 은혜와 진리가 충만하더라"(요 1:14)고 증거하고 있다. 요한은 계속해서 "우리가 다 그의 충만한 데서 받으니 은혜 위에 은혜러라"(요 1:16)고 증언하고 있다.

　죄악을 비우고 무거운 짐들을 주님께 내려놓은 다음에, 주님의 충만한 데서 받아서 자신을 충만하게 하는 것이 말씀 묵상이다. 마음에 진리를 채우는 작업, 머리에 암송한 말씀을 마음에 채우는 작업이 말씀 묵상이다. 마음에 말씀을 새기는 것이다. 이것이 이스라엘 백성이 형통할 수 있었던 비결이다. 그들 교육 현장에 나오는 교육의 원리였다(신 6:6-9).

　말씀을 묵상하게 될 때 그 말씀은 마음 깊은 곳에 뿌리를 내린다. 말씀을 감정으로 느끼게 되는 것이다. 말씀은 이내 내 삶의 한 부분이 된다. 그때 하나님께서 구체적인 깨달음을 주신다. 하나님의 음성을 들음으로써 깨달은 진리를 구체적으로 실천할 수 있는 힘을 얻게 된다.

축복은 깨달음의 결과만은 아니다. 깨달은 말씀에 순종할 때 오는 결과다. 그러나 그 깨달음을 부분적으로만 실천하는 것이 아니라 그 가운데 기록한 대로 다 지켜 행할 때 하나님의 축복이 임한다.

말씀 묵상은 입에서 머리로, 머리에서 마음으로, 마음에서 행동으로 발전하는 과정이다.

10
예수님을
닮아 가는 묵상

말씀 묵상을 통해서 예수님을 닮아 가자.
하나님이 맡기신 일들을 완수하자.
물가에 심기운 나무가 되어 풍성한 열매를 맺자.
말씀을 통해서 주님과 연합하자.

묵상의 목표는 지식을 늘리는 데 있지 않다. 묵상의 목표는 그리스도인의 삶으로 변화하는 것이다. 그렇기 때문에 말씀을 묵상할 때 우리는 적용을 위한 몇 가지 질문들을 가지고 시작해야 한다.

물론 이 질문들이 묵상하는 말씀마다 동일하게 적용되는 것은 아니다. 그러나 이 질문들은 목적을 가지고 성경을 읽고 말씀을 묵상하는 데 도움이 된다. 또한 이 질문들은 말씀을 관찰하고 해석하는 데도 결정적인 역할을 한다. 나는 다음의 질문들을 가지고 말씀을 읽고 묵상한다.

하나님(성부 성자 성령)은 어떤 분이신가?
새롭게 발견한 진리(영적 통찰력)는 무엇인가?
내가 따라야 할 모범은 무엇인가?
내가 피해야 할 오류는 무엇인가?
내가 회개해야 할 죄는 무엇인가?

내가 순종해야 할 명령은 어떤 것인가?

내가 간구해야 할 약속은 어떤 것인가?

이 질문들이 너무나 단순하게 느껴질지 모른다. 그러나 진리는 단순한 데 있다. 이 질문들은 성경을 보는 안목을 열어 줄 것이다. 목적 없이 성경을 읽는 것과 뚜렷한 목적을 가지고 읽는 것은 그 결과에 있어서 하늘과 땅의 차이를 나타낸다.

성경 전체에 흐르는 하나님의 관심은 세 가지로 요약될 수 있다. 첫째는, 하나님을 아는 것이다(호 6:6). 둘째는, 그리스도를 닮아 가는 것이다(롬 8:29). 셋째는, 하나님께서 우리에게 맡기신 일을 이루는 것이다(요 17:4).

이것이 우리에게 성경을 주신 하나님의 목적이며 성경에 흐르고 있는 세 가지 큰 물줄기이다. 이 물줄기를 타야만 우리는 성경을 이해할 수 있으며 하나님 안에서 변화를 경험할 수 있다. 성령님은 이 세 물줄기를 타고 역사하신다.

우리는 성경을 통해서 예수님을 알게 된다(요 5:39). 그리스도를 믿고 아는 가운데 그리스도의 장성한 분량이 충만한 데까지 이르게 된다(엡 4:13).

하나님을 알지 못하면 그리스도를 닮을 수 없다. 하나님을 아는 만큼 우리는 변화될 수 있다. 말씀을 통해서 하나님을 알고 경험하게 되며, 말씀으로 하나님과 교제하는 가운데 하나님의 모습을 닮아 가는 것이다. 말씀 속에서 주님을 바라보고 주님을 사랑하는 가운데 주님을 닮아 가는 것이다. 우리 인생의 최상의 목표는 단연 그리스도를 닮아 가는 것이다.

로버트 맥체인(Robert Murray M'Cheyne)은 "예수 그리스도를 닮아 가는 재능보다 더 귀한 것은 없다"고 말했다. 재능 가운데 가장 탁월한 재능은 주님을 닮는 것이다. 하나님의 사역은 주님을 닮은 인격에서 꽃 피우고 열매를 맺는다.

하나님을 알지 못하면 그리스도를 닮을 수 없다. 하나님을 아는 만큼 우리는 변화될 수 있다.

말씀 묵상을 통해서 우리는 하나님을 만나게 된다. 하나님을 만나는 것이 부흥이다. 하나님을 만날 때 회개의 역사가 나타난다(느 8장). 변화의 역사가 나타난다. 영혼이 소생케

되는 역사가 나타난다(시 19:7).

말씀 묵상의 초점은 다른 사람을 변화시키거나 환경을 변화시키는 데 있지 않고 자신의 변화에 맞추어져 있다. 자신이 변할 때 다른 사람도 변화되고 환경도 변화되는 것이다.

그 한 사람 때문에 나라가 변화되고 시대가 축복을 받는다. 요셉 한 사람 때문에 애굽이 축복을 받았고, 모세 한 사람 때문에 이스라엘 민족이 축복을 받았다. 예수님 한 분 때문에 전인류가 영생에 이르는 길이 열렸다(롬 5:17-19).

한 사람의 변화에 우선적인 초점을 두는 것이 영성을 추구하는 삶이다. 모든 위대한 역사는 하나님이 찾으시는 한 사람에 의해서 시작되었기 때문이다.

레프 톨스토이(Lev Nikolaevich Tolstoi)는 "모든 사람들은 인간이 변화되어야 한다는 것을 생각하고 있으나, 자기 자신이 변화되어야 한다는 것을 생각하는 사람은 아무도 없다"고 말했다. 오늘의 시대상을 대변해 주는 예언자적인 말이다.

다른 사람에게 변화를 요구하기 전에 내가 먼저 변화

되기를 힘쓰자. 말씀 묵상을 통해서 예수님을 닮아 가자. 하나님이 맡기신 일들을 완수하자. 물가에 심기운 나무가 되어 풍성한 열매를 맺자. 말씀을 통해서 주님과 연합하자. 주님과 깊은 사랑을 나누자.

친밀함의 결과는 열매다(요 15:5). 그 열매를 다른 사람에게 나누어 주자. 내가 땀 흘려서 맺은 열매들을 다른 사람들이 와서 먹는 것을 보며 그것을 최상의 행복으로 삼자. 그것이 말씀 묵상의 목표이다.

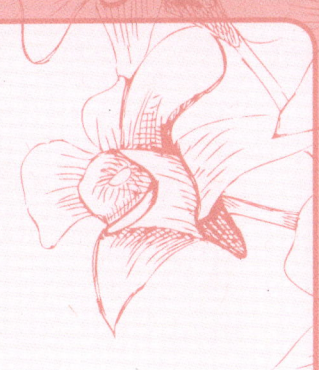

11
목회자의 영혼 관리

예수님의 삶을 관찰하면서 배우는 중요한 삶의 우선순위는
자신의 영혼 관리였다. 수많은 유혹 앞에서도 타협하지
않으셨던 그 능력은 예수님 자신의 영혼 관리의 결과였다.

목회를 하면서 가장 힘든 점은 나 자신의 영혼 관리이다. 다른 사람의 영혼은 잘 관리해 주면서 내 영혼을 관리하는 데 소홀히 하는 모습을 보곤 한다. 한 주간의 생활에서 가장 어려운 것은 설교 준비도, 인간관계도, 교회 행정도, 동역자들을 관리하는 일도 아니다. 솔직히 말해 나를 관리하는 일이 가장 힘들다.

투명한 목회자가 아닌 이중성의 노예가 되어 살아가는 내 모습을 보고 나는 가끔씩 놀란다. 내 안에 감추어진 분노, 이기심과 섞여진 나의 동기를 보면서 괴로워한다. 세상적인 잡초들이 무성한 내면 세계를 만난다. 큰 것에 대한 집착과 유명해지고 싶어 하는 마음, 안락함을 향한 욕망이 어느새 자라 있는 것을 본다. 더 큰 성취와 더 높은 학위를 통해서 하나님보다는 사람들에게 인정받고 싶어 하는 육신의 모습을 본다.

그리스도를 닮은 인격보다는 사람들의 평판에 관심

을 갖고 있는 나의 모습을 본다. 세상을 미워하라고 설교했던 나 자신이 그 세상에 매혹되어 있는 것을 보는 것이다. 그리고 나서야 "만물보다 거짓되고 심히 부패한 것은 마음이라 누가 능히 이를 알리요마는"(렘 17:9)이라고 했던 예레미야의 말씀을 기억한다. 아니 어떤 주간에는 하나님 앞에서 진지하게 자신과 대면할 만큼의 조용한 시간도 갖지 못한 채 주일을 맞이하기도 한다. 그런 모습으로 성도들 앞에 설 때면 얼마나 부끄러운지….

나는 한 사람의 영혼 관리가 얼마나 중요한지를 성경에서 배웠다. 한 사람의 소중함을 배웠다. 아담 한 사람이 범죄한 것 때문에 전 인류에게 사망이 찾아왔다. 모세 한 사람이 손을 들고 있을 때 이스라엘이 이겼고, 그가 손을 내리자 아말렉이 이겼다. 이스라엘 전체보다도 모세 한 사람이 더 중요했다. 아간 한 사람의 범죄가 아이 성 전투에서 이스라엘로 하여금 처절한 패배를 맛보게 했다. 바울 한 사람이 변화됨으로 말미암아 당시 땅끝이라고 할 수 있는 로마에까지 복음이 전파되었다. 마틴 루터 한 사람 마음속에 타오른 개혁의 열정이 중세 교회를 흔들어 놓았다. 예수님 한 분의 순종으로 주님을 믿는 모든 사람에게 영생을 선물로 주시는 놀라운 축복의 역사가 일어났다.

그렇다면 이토록 중요한 영혼 관리는 과연 어떻게 하는 것일까?

나에게 있어서 영혼 관리의 가장 중요한 모델은 예수님이시다. 예수님의 삶을 관찰하면서 배우는 중요한 삶의 우선순위는 예수님 자신의 영혼 관리였다. 수많은 유혹 앞에서도 타협하지 않으셨던 그 능력은 예수님께서 자신의 영혼을 관리하신 결과였다. 예수님의 삶의 비결이 담긴 말씀을 마가는 이렇게 기록하고 있다.

"새벽 오히려 미명에 예수께서 일어나 나가 한적한 곳으로 가사 거기서 기도하시더니"(막 1:35).

이 조용한 시간에 예수님은 하나님과 교제하셨다. 홀로 계시면서 하나님의 음성에 귀 기울이셨다. 왜 이 땅에 왔는가 하는 자신의 사명을 확인하셨고, 우선순위를 결정하셨다. 만나야 할 사람을 결정했다. 때문에 예수님이 만난 사람들은 각색 병든 자, 귀신들린 자, 가난하고 소외된 자 그리고 죄인들이었다. 예수님은 바로 그들을 위해서 이 땅에 오셨다.

예수님의 삶의 동기가 인기가 아닌 사랑으로 확인되는 순간, 그때는 바로 이 고요한 시간이었다. 예수님은 독거의 시간에 자신을 진리로 가득 채우셨다. 사랑으로 가득 채우셨다. 진실로 가득 채우셨다. 예수님은 진리를 말씀하기 위해 힘쓰지 않으셨다. 진실한 삶을 살기 위해 힘쓰지 않으셨다. 새가 하늘을 날기 위해 애써 노력하지 않듯이, 물고기가 바다에서 헤엄치는 것이 자연스럽듯이, 예수님의 삶은 자연스러웠다. 입을 열면 진리요, 지혜가 흘러 나왔다. 눈에는 그윽한 사랑이 담겨 있었다. 예수님은 당신 스스로 행복하셨다. 그랬기에 모든 이들에게 행복을 주실 수 있었던 것이다. 이것은 예수님의 자기 관리의 결과였다.

우리는 주님을 닮아 가기 위해 주님을 따라 자신의 영혼을 관리하는 일을 최우선 순위에 두어야 한다. 주님의 길을 가야 한다. 그 방법은 매일 하나님 앞에서 조용한 시간을 갖는 것이다. 나 자신을 돌아보는 것이다. 거기서 평판보

> 우리는 주님을 닮아 가기 위해 주님을 따라 자신의 영혼을 관리하는 일을 최우선 순위에 두어야 한다.

다는 인격을, 소유보다는 존재를, 성취보다는 동기를 중요하게 여기시는 주님의 모습을 닮게 되는 것이다.

"종이 상전보다 크지 못하고 보냄을 받은 자가 보낸 자보다 크지 못하니"(요 13:16).

내게 가장 어려운 일이 설교도 경영도 인간관계도 아닌 내 영혼을 관리하는 일이라고 고백했듯이, 나의 가장 큰 숙제는 나를 이기는 것이다. 이기적인 나, 탐욕스런 나, 쉽게 절망하는 나를 이기는 것이 내게는 가장 어렵다. 그런 나를 이겨낼 때 나의 마음은 만물보다 거짓되고 심히 부패한(렘 17:9) 데서 생명의 근원(잠 4:23)이 되어 모든 명철을 길어 내는 깊은 물(잠 20:5)이 되리라.

주님,

저에게 말씀하소서.

당신의 종이 듣겠습니다.

주님께서는 영생을 얻는 말씀을 가지고 계십니다.

저에게 말씀하소서.

그러면 제 영혼에 위안이 되고,

제 전 생애를 바로잡을 수 있을 것입니다.

– 토마스 아 켐피스

예수님을 닮아 가는 변화와 성숙을 위한

강준민 목사 저서

가슴 아픈 소리를 내는 사람들의 행복 | 사륙판 양장 | 131쪽
관계의 법칙 | 신국판 | 474쪽
기적을 창조하시는 예수님의 은혜 | 신국판 | 332쪽
기쁨의 영성 | 신국판 | 424쪽
꿈꾸는 자가 알아야 할 21가지 믿음의 법칙 | 신국판 | 452쪽
꿈꾸는 자가 오는도다 | 신국판 | 356쪽
나를 위로하시는 하나님 | 신국판 | 318쪽
나의 사랑, 나의 어여쁜 자야 | 신국변형 | 304쪽
달란트와 영적 성숙 | 사륙판 | 145쪽
독서와 영적 성숙 | 사륙판 | 99쪽
마른 뼈도 사랑하시는 하나님의 은혜 | 사륙판 양장 | 193쪽
마음의 정원을 가꾸는 지혜 | 신국판 | 275쪽
말씀 묵상과 예수님을 닮아가는 삶 | 국판 변형 | 143쪽
무대 뒤에 선 영웅들 | 신국판 | 279쪽
바라봄의 능력(위기를 극복하는) | 신국판 | 230쪽
벼랑 끝에서 웃게 하시는 하나님의 은혜 | 신국판 | 291쪽
복음 받은 사람의 행복 | 신국판 | 182쪽
비전과 존재 혁명 | 사륙판 양장 | 176쪽
뿌리 깊은 영성 | 사륙변형 양장 | 193쪽
뿌리 깊은 영성으로 세워지는 교회 | 신국판 | 198쪽

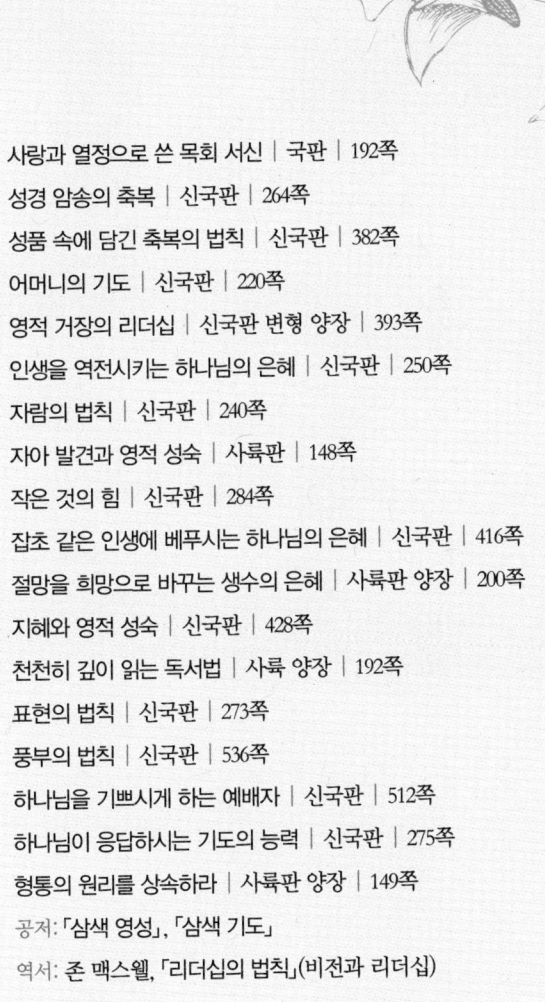

사랑과 열정으로 쓴 목회 서신 | 국판 | 192쪽

성경 암송의 축복 | 신국판 | 264쪽

성품 속에 담긴 축복의 법칙 | 신국판 | 382쪽

어머니의 기도 | 신국판 | 220쪽

영적 거장의 리더십 | 신국판 변형 양장 | 393쪽

인생을 역전시키는 하나님의 은혜 | 신국판 | 250쪽

자람의 법칙 | 신국판 | 240쪽

자아 발견과 영적 성숙 | 사륙판 | 148쪽

작은 것의 힘 | 신국판 | 284쪽

잡초 같은 인생에 베푸시는 하나님의 은혜 | 신국판 | 416쪽

절망을 희망으로 바꾸는 생수의 은혜 | 사륙판 양장 | 200쪽

지혜와 영적 성숙 | 신국판 | 428쪽

천천히 깊이 읽는 독서법 | 사륙 양장 | 192쪽

표현의 법칙 | 신국판 | 273쪽

풍부의 법칙 | 신국판 | 536쪽

하나님을 기쁘시게 하는 예배자 | 신국판 | 512쪽

하나님이 응답하시는 기도의 능력 | 신국판 | 275쪽

형통의 원리를 상속하라 | 사륙판 양장 | 149쪽

공저: 「삼색 영성」, 「삼색 기도」

역서: 존 맥스웰, 「리더십의 법칙」(비전과 리더십)